AF086405

Dd

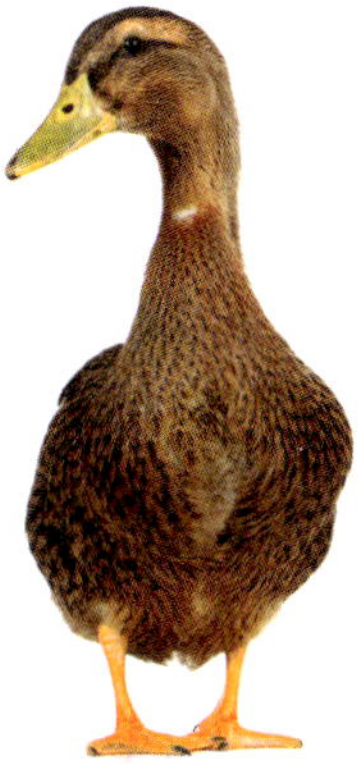

Ransom

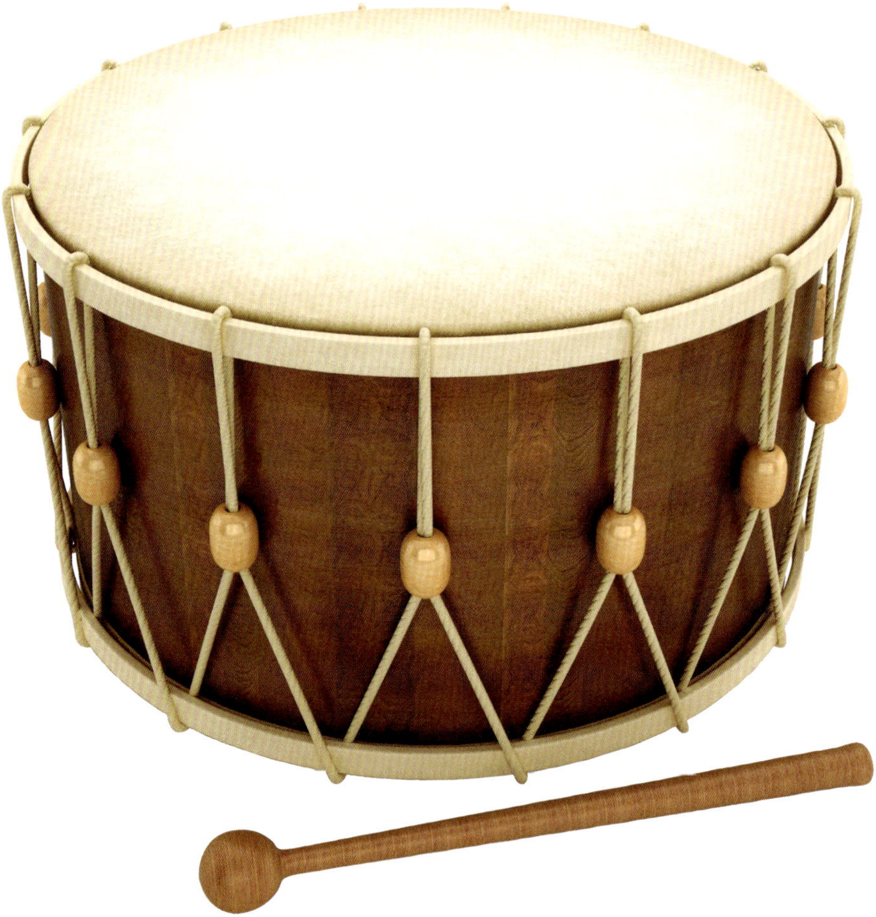

drum

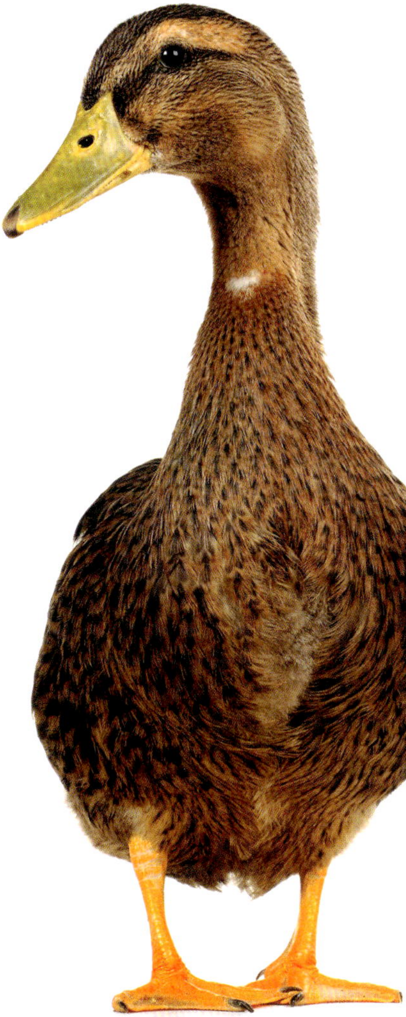

duck

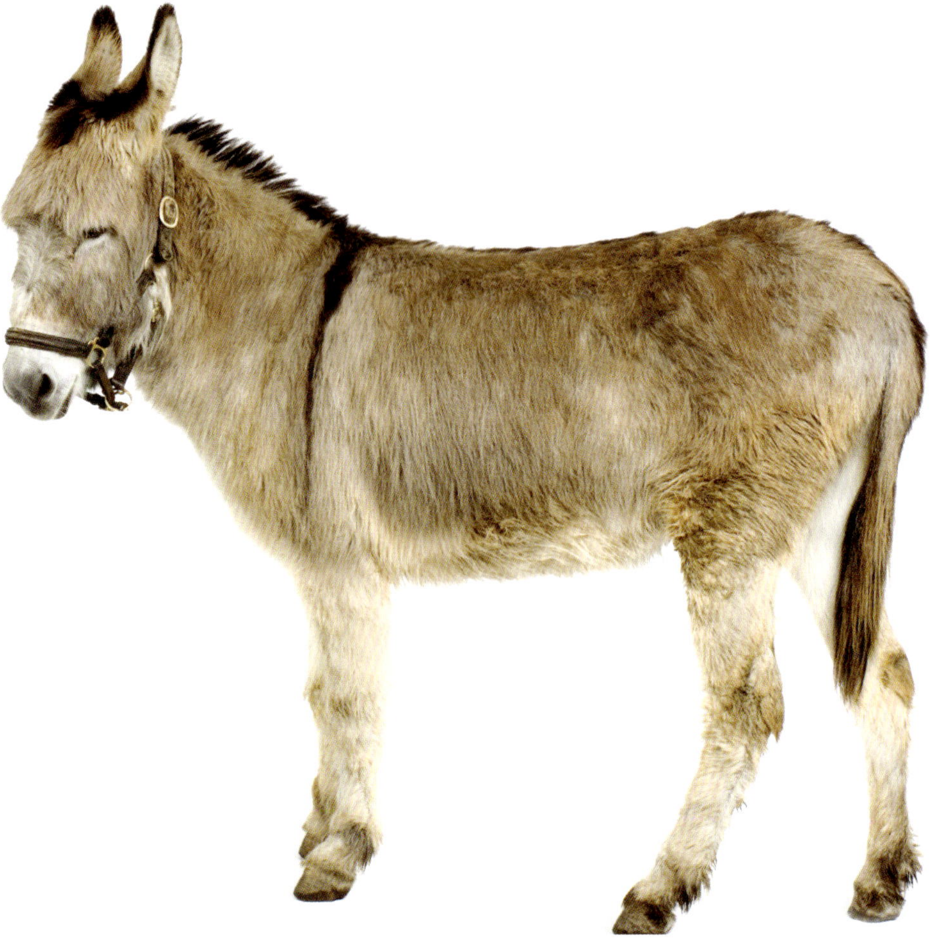

donkey

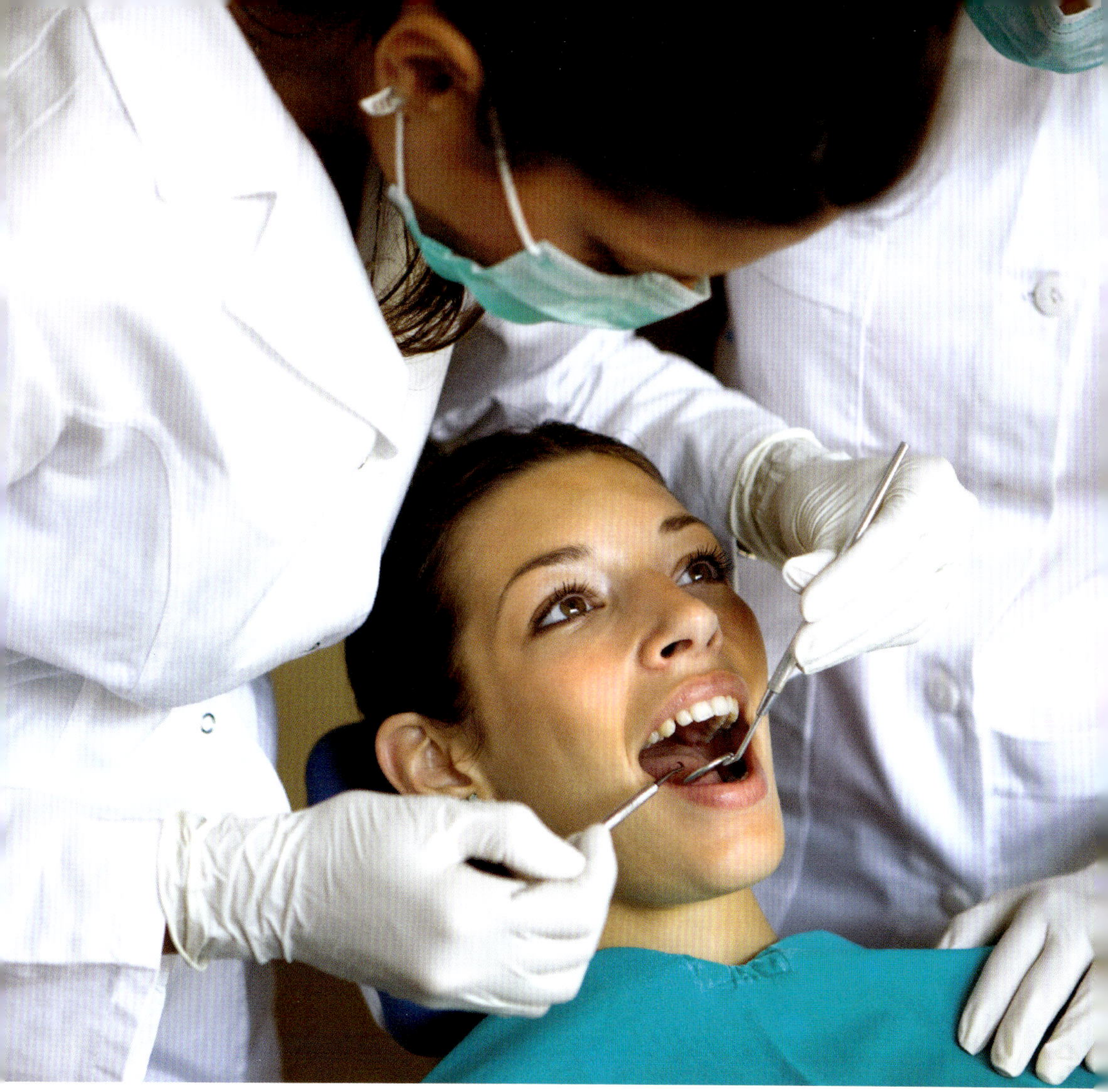

dentist

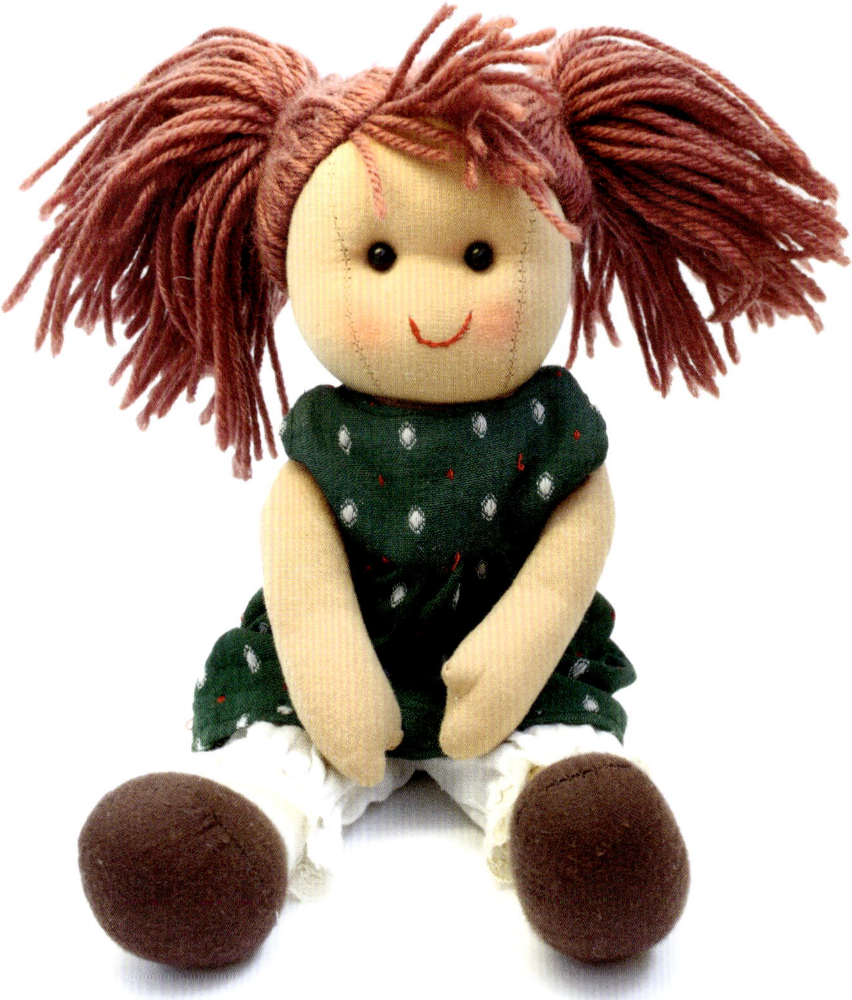

doll

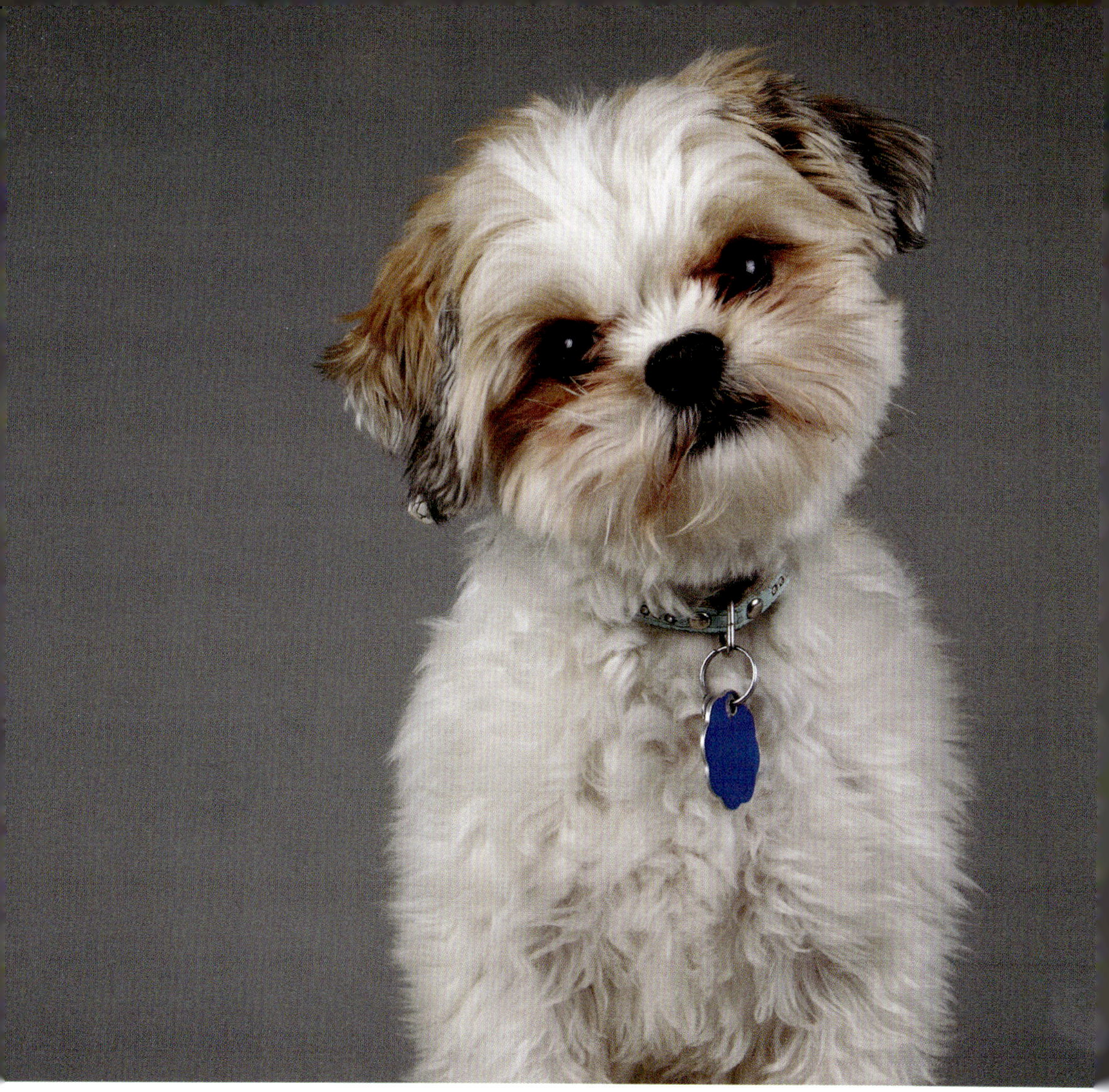

dog

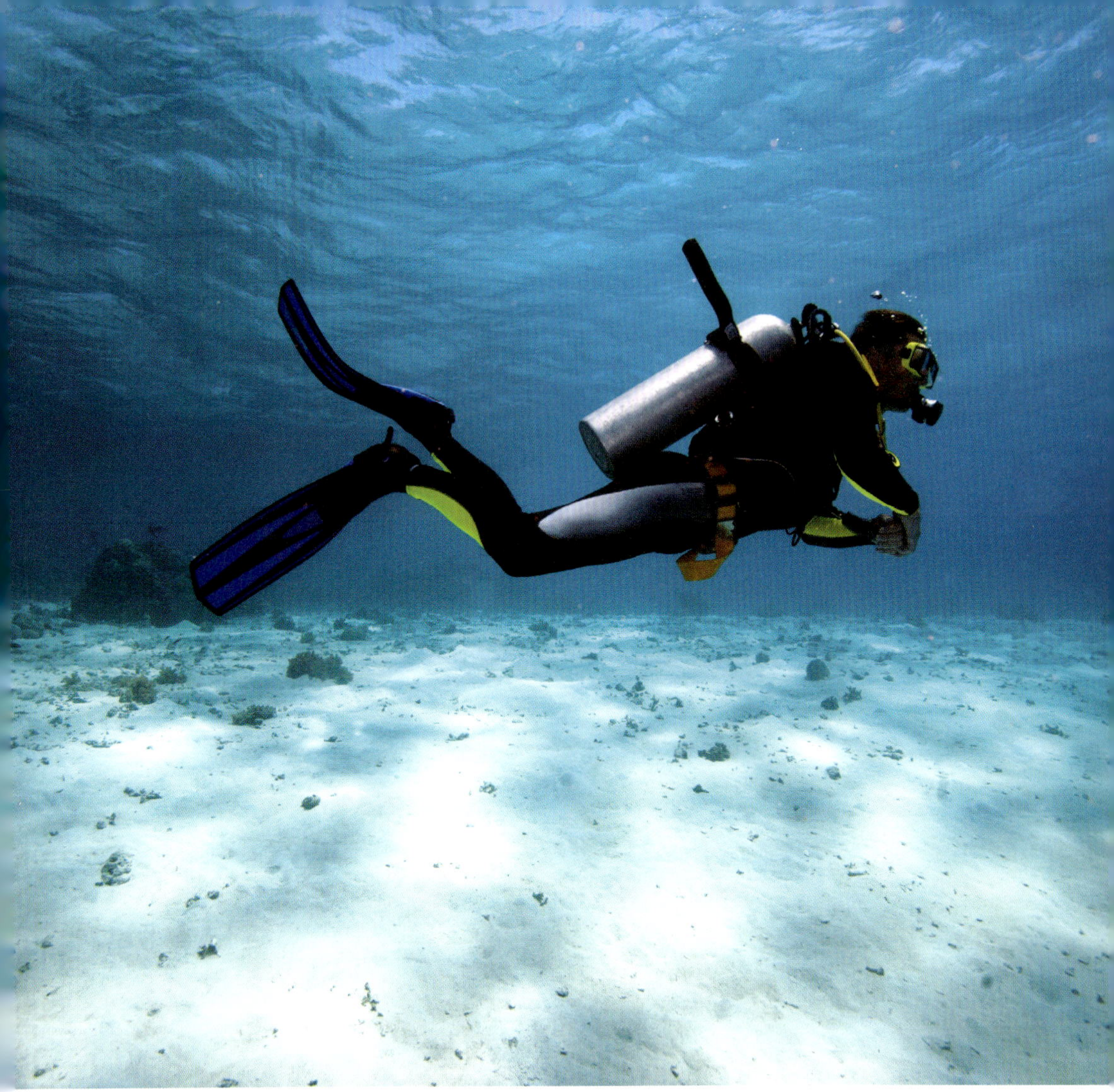

diver

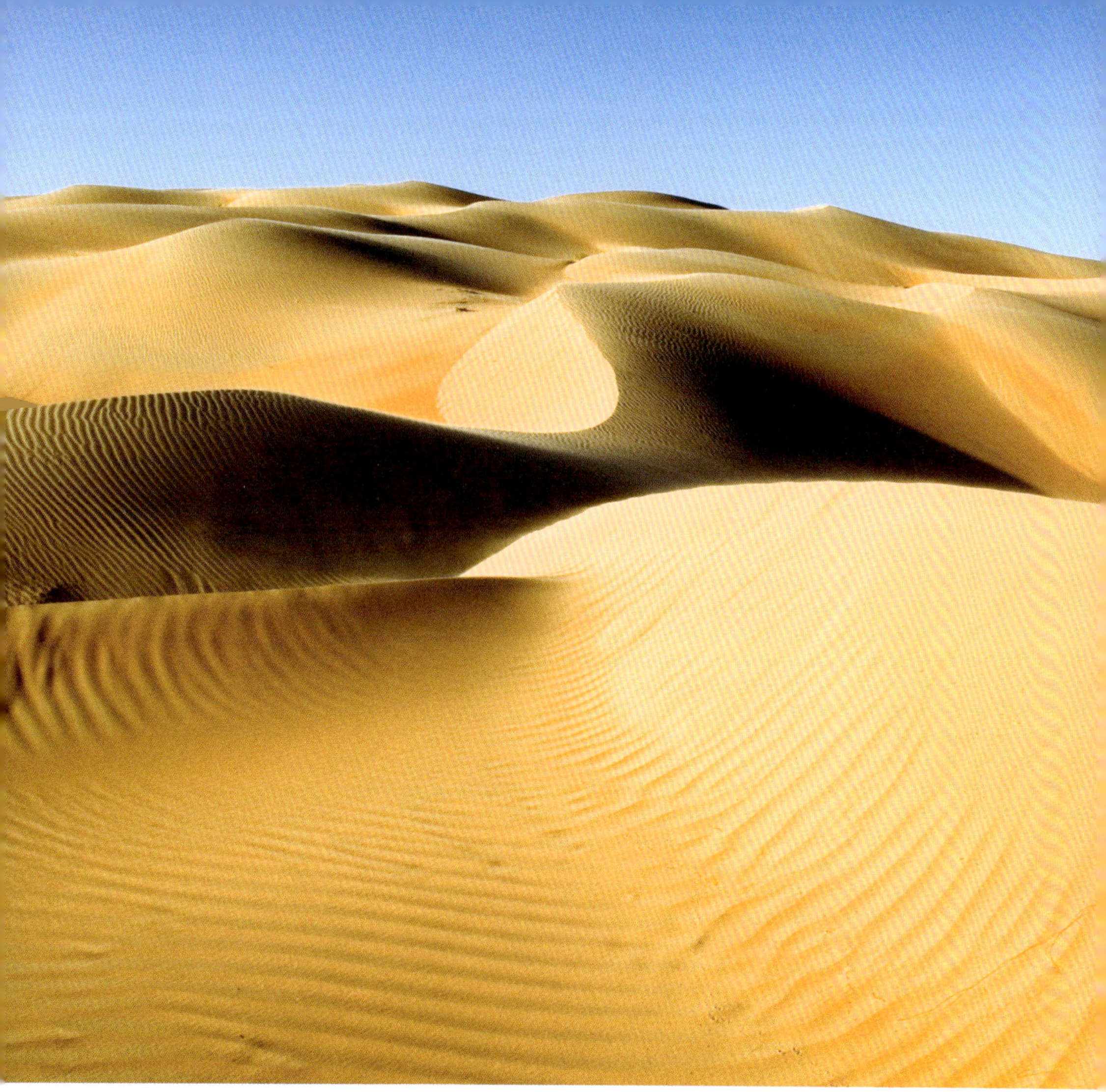

desert

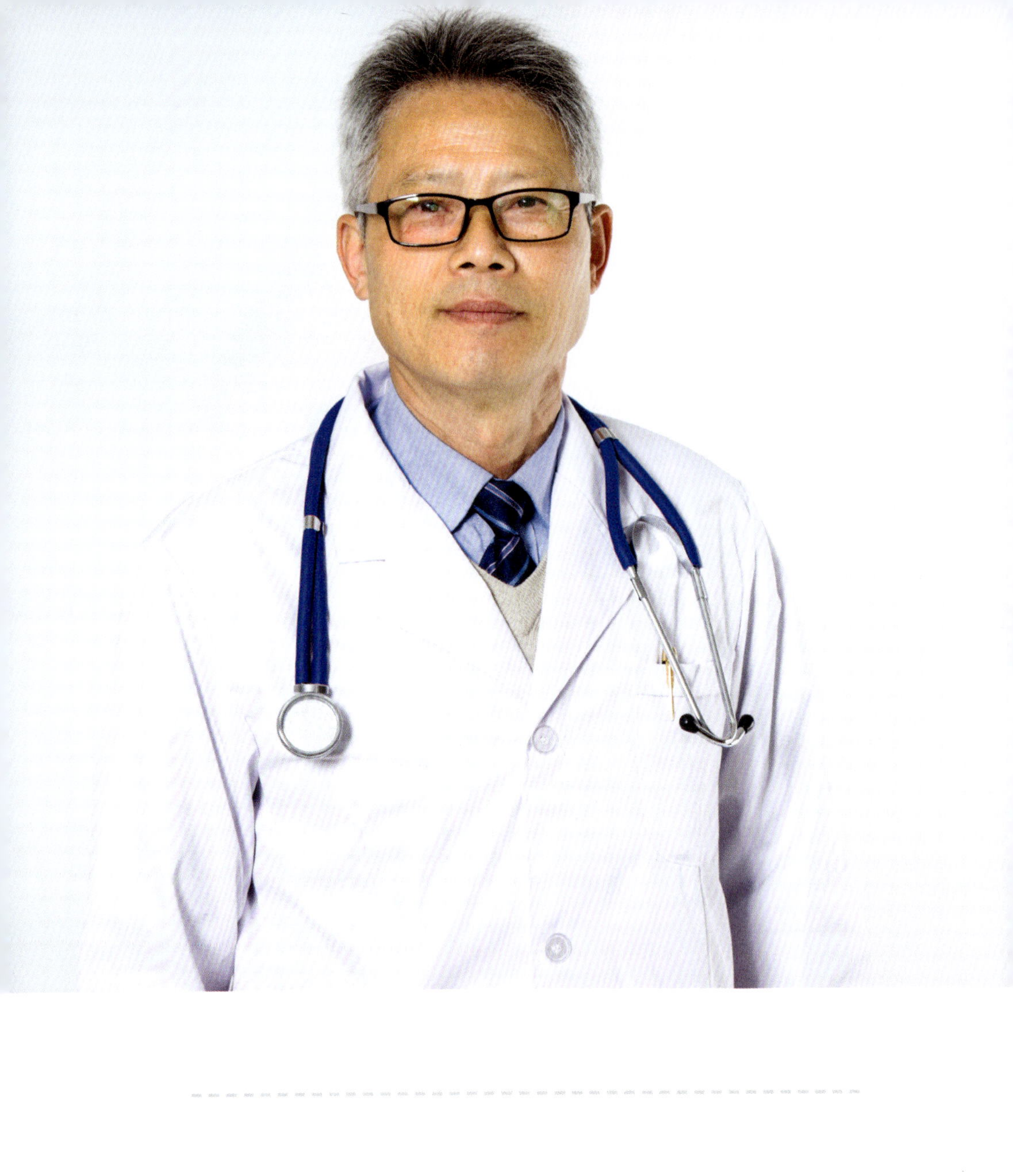

d d d d

d d d d

Dd

drum

duck

donkey

dentist

doll

dog

diver

desert